給孩子的趣味中國史

春秋・戰國

陳麗華　主編　　　　張曜晟　繪

中華教育

給孩子的趣味中國史

春秋·戰國

陳麗華　主編　　　張曜晟　繪

責任編輯　　✎　　王　　玫
裝幀設計　　✎　　綠色人
排　　版　　✎　　陳美連
印　　務　　✎　　劉漢舉

出版　**中華教育**

香港北角英皇道 499 號北角工業大廈 1 樓 B
電話：(852) 2137 2338　傳真：(852) 2713 8202
電子郵件：info@chunghwabook.com.hk
網址：http://www.chunghwabook.com.hk

發行　**香港聯合書刊物流有限公司**

香港新界荃灣德士古道 220-248 號荃灣工業中心 16 樓
電話：(852) 2150 2100　傳真：(852) 2407 3062
電子郵件：info@suplogistics.com.hk

印刷　**美雅印刷製本有限公司**

香港觀塘榮業街 6 號海濱工業大廈 4 字樓 A 室

版次　**2019 年 9 月第 1 版第 1 次印刷**
2021 年 4 月第 1 版第 2 次印刷

©2019 2021 中華教育

規格　**16 開** (205mm x 170mm)

ISBN　**978-988-8573-46-2**

目錄

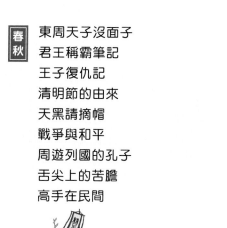

東周天子沒面子

兒子是信物嗎

東周分為春秋和戰國兩個時期，第一任天子是周平王。由於鄭國實力雄厚，令周平王害怕，周平王打算分掉鄭莊公部分權力。如此一來，鄭莊公不高興了。周平王無奈，只好將兒子送到鄭國，與鄭莊公的兒子互相交換為人質。天子開始失去權威。

丟面子的王

第二任天子周桓（huán）王打算討伐鄭國，結果大敗，還被鄭國大將祝聘（dān）射中了肩膀。這時，周天子的威嚴已蕩然無存。

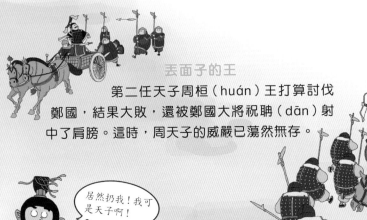

叔姪之戰

等到周惠王即位為天子後，他不僅佔用大臣的園林養野獸，還搶奪他們的田地與房屋。大臣們都很生氣，便聯合衛國、南燕國和王叔王子頹一起趕走了周惠王。

救命啊！

被送出的國土

鄭厲公和虢（guó）叔為了幫助周惠王重登王位，一起討伐王子頹。討伐成功後，周惠王很是感激，將天子的兩塊土地賜給他們。周朝的疆土又縮小了。

打倒王子頹！

此時的諸侯們也開始忙着爭搶地盤，不再像以前一樣按時朝見天子了。

以後都沒我甚麼事了。

天子的作用

國土面積縮小，面子盡失，周天子又怎麼能令諸侯乖乖聽話？

晉文公　楚莊王　吳王闔閭　越王勾踐　齊桓公

春秋五霸

天子管不住國家，一些強大的諸侯便搶着當「霸主」。春秋時期最強的五位諸侯被稱為「春秋五霸」。

君王稱霸筆記

哦！殺死小白了！

裝死的小白

因齊國大亂，公子小白便與哥哥公子糾趁亂逃離了齊國。等到叛亂平息後，公子糾的隨從管仲為了不讓小白先回國繼承王位，便追殺小白。管仲一箭射中了小白的帶鈎，小白便藉機倒下裝死。

帶鈎
腰帶的掛鈎

先到先得

快停車！我要抓蝴蝶！

公子糾以為小白已死，便慢吞吞地回齊國，結果被先到的小白搶奪了王位。小白搖身一變，成為齊桓公。

加速！快加速！

管鮑之交

管仲和鮑叔牙一起做生意，因為貧窮，管仲就把收入多分給自己一些。鮑叔牙不僅不怪他，還經常為管仲說好話。等到齊桓公當了國君，鮑叔牙向齊桓公大力舉薦管仲。

管仲為相後，齊國開始變得國富兵強。齊桓公在管仲的輔佐下成了春秋五霸之首。

管仲提出維護天子地位，防禦異族入侵的口號，得到周天子的信任。

齊國把人按士、農、工、商分類。

齊國減輕賦稅，令人民樂於耕種。

齊國訓練軍隊，提高軍隊的戰鬥力。

倉廩實而知禮節，衣食足而知榮辱。

遊船後果很嚴重

齊桓公與夫人蔡姬乘船遊玩，蔡姬突然起勁地搖晃船。齊桓公很害怕，讓她停下，蔡姬卻不聽。齊桓公生氣地把她送回了蔡國。蔡國為此發怒，令蔡姬改嫁。齊桓公知道後怨恨蔡國，於是下令攻打蔡國。

快停下！

真好玩！

最後的交代

管仲病重後，齊桓公問他重用易牙、豎刁、開方三人如何。管仲說：「希望您疏遠小人。」但是齊桓公沒聽他的。當公子們爭奪王位時，易牙、豎刁等人就趁機作亂，軟禁了齊桓公，最後齊桓公被活活餓死在宮中。

易牙

殺子討好齊桓公

豎刁

為表忠心而自行閹割

開方

為投奔齊桓公拋棄故國和雙親

這三人怎麼樣？

都不行。

7

王子復仇記

驪姬之亂

晉國的君主晉獻公有一位夫人，名叫驪姬。驪姬為了讓自己的兒子當太子，便陷害原來的太子，使得太子自殺。後來驪姬又開始誣陷公子重耳和公子夷吾，兩人感到害怕，便逃跑了。

他們和太子是一伙的。

快跑！

重耳復國

重耳逃亡路過齊國時，在齊國過得很舒適，不願離開。他的妻子為了讓他振作起來，便送他離開齊國。重耳逃到秦國後，秦國的君主秦穆公很欣賞他，將公主嫁給他後又送他回晉國。重耳在外逃亡 19 年，終於回到晉國，即位為晉文公，這時他已 62 歲。

重耳流浪記

快走開！

❶ 重耳的妻子用計灌醉重耳後，讓車載着他離開了齊國。

❷ 重耳路過鄭國，鄭國卻不按禮節接待他。

我把公主嫁給你。

❸ 秦穆公把公主懷贏嫁給了重耳，結為秦晉之好。

城濮（pú）之戰

晉文公流亡時曾得到楚國的幫助，他答應楚國，日後如兩軍打起來，晉國會「退避三舍」。當楚國真的攻打晉國時，晉文公令晉軍後退，兌現自己當年的諾言。最後楚國因率軍冒進而大敗。

三戈銅戟
戰車上使用
的長兵器，
殺傷力強

小心眼的晉文公

鄭國的君主曾對逃亡中的晉文公很不禮貌，又幫助過晉文公的敵人，晉文公便聯合秦穆公包圍鄭國。鄭國的老臣燭之武為救國，只好偷偷去遊說秦穆公。秦穆公被燭之武說服，答應退兵，晉文公也只好撤軍離去。

晉文公稱霸

晉文公替天子周襄王平息叛亂，周襄王很高興，承認晉文公為諸侯首領，使晉文公成為春秋時期的第二個霸主。

趙氏孤兒

晉文公的孫子晉景公繼位後，臣子趙氏一族慘遭滅門，最後只剩下一個孤兒趙武。等趙武長大後，晉景公讓他成為趙氏的繼承人，他很快就復興了趙氏一族。趙武的後代多年後還當上了趙國的國君。

清明節的由來

清明節是中國四大傳統節日之一，時間一般為公曆的 4 月 5 日前後。
它是寒食節、上巳 (sì) 節和清明節共同組成的節日。

寒食節

寒食節最早起源於周朝的禁火制度。
寒食節期間不准生火，因此百姓只能
吃冷食。起初節日會持續 1 個月或更
長時間，後來變為 3 天。

上巳節

農曆三月的第一個巳日，就是上巳節。每逢上巳節，
人們會結伴去水邊沐浴，他們把這種活動叫作「祓禊
(fú xì)」。後來人們將上巳節固定為農曆的三月三日，
並增加了臨水宴飲、郊外遊春等活動。

介子推與清明節

清明節是中國重要的祭祀節日，相傳是為紀念介子推。介子推曾隨公子重耳逃亡，在重耳飢餓難忍時，他把自己腿上的肉割下一塊煮成肉湯給重耳吃。等重耳成為晉文公後，介子推便帶着母親在山林隱居。為了見他，晉文公下令燒山，希望能逼介子推出山。可是介子推卻沒有出來，最後焚身於大柳樹下。第二年，晉文公來祭拜介子推時，發現介子推焚身於其下的那棵柳樹死而復生，於是賜那棵柳樹為「清明柳」，並把寒食節的後一天定為清明節。

清明習俗

清明節的習俗除了掃墓祭祖、踏青外，還有盪鞦韆、插柳、戴柳、蹴鞠（cù jū）、放風箏、吃青糰等活動。

天黑請摘帽

一鳴驚人

楚莊王當了國君三年，既不下達任何命令也不理政事。大臣伍舉有一天對他說：「有大鳥在朝堂上，三年不鳴也不飛，為何？」楚莊王說：「三年不飛，一飛沖天；三年不鳴，一鳴驚人。」然後楚莊王開始處理政務，楚國變得強盛起來。

九鼎

國家和權力的象徵，天子常用九鼎表示自己的身份。

問鼎中原

楚莊王北伐，曾向周王的使者詢問鼎的輕重（奪取天下之意）。使者回他：「周室雖然衰微，但天命未改，鼎的輕重是不能詢問的！」楚莊王只好離去。

這鼎多重？

屏風
權力的象徵

絕纓（yīng）之宴
楚莊王宴請群臣時，讓自己的寵姬為大臣們倒酒。忽然一陣風把蠟燭吹滅了，臣子唐狡趁亂偷拉寵姬的手，寵姬扯下他的冠纓（帽帶）去向楚莊王告狀。楚莊王卻沒有讓人點燃蠟燭，而是命所有人在黑暗中摘下帽子，放過了唐狡。7年後，唐狡為報恩大敗敵軍。

大王，有人調戲我！

戰爭與和平

仁義的宋襄公

宋國與楚國在泓水邊上作戰，宋軍都排好隊了，楚軍還在渡河。宋襄公打算等楚軍排好隊再攻打他們，結果楚軍排好隊後立馬把宋軍打得落花流水，宋襄公也因此受了箭傷。

偶爾心軟的王

楚莊王圍攻鄭國時，鄭國的牆塌了，百姓們都害怕地大哭起來。楚莊王不忍心，下令讓鄭國先修好城牆，然後兩國再打。最後楚國得勝，鄭國的君主只好袒胸露懷，牽着羊向楚國投降。

子產

開會啦

為了不再打仗，宋國主持過兩次大會，名為弭（mǐ）兵會盟。參加的國家有魯、衛、鄭等國。第一次大會開完後，大家只維持了幾年的和平。第二次卻很成功，大家和平相處了幾十年，許多國家都趁機發展建設。鄭國也出現了一位能幹的大臣——子產，他把鄭國內部、外部的事務都處理得很好，人民很愛戴他。

百里奚賣給你了。

百里奚

秦國大夫，他是秦穆公用五張公羊皮換來的，因此號稱五羖（gǔ）大夫。

不行！

給點吃的吧！

好心沒好報

晉國發生饑荒，向秦國求救，秦穆公聽從百里奚的意見，派大量船隻運載糧食送往晉國。

第二年，秦國也發生饑荒，向晉國請求購買糧食。但晉國卻不給秦國糧食，還趁機攻打秦國。秦穆公很生氣，和晉國打了起來。最後晉國大敗。

周遊列國的孔子

孔子

孔子名丘，字仲尼，魯國人。他既是思想家、教育家，也是儒家學派的創始人。他曾帶領弟子走遍天下。後來他的弟子把孔子及其弟子的言行記錄下來，整理成《論語》。

孔子從小就好學，而且多才多藝。因為家裏窮，年輕時他還做過管理錢財、牧場的小官。

孔子歷險記

① 魯國發生內亂，為了避亂，孔子帶着弟子開始周遊列國。

② 到了齊國，齊景公很尊重他。不過因為齊國有人想害他，孔子又逃回了魯國。

③ 回到魯國後，孔子和魯定公一起參加夾谷會盟。盟會上，齊景公以不合禮儀的歌舞羞辱魯定公，被孔子正氣凜然地訓斥。齊景公感到慚愧，歸還了過去侵佔的魯國的土地。孔子後來在魯國做了大官，不久之後，他又辭職去了衛國。

❼ 孔子去過很多國家，卻沒人肯採納他的主張，他很失望。他返回魯國時，已不想再做官，便把主要精力放在自己的教育事業上，讓平民也能讀書。最後孔子成了大教育家，相傳他有弟子3000名，其中賢者72位。

學而時習之，不亦說乎？

閔損
十分孝順的弟子。

老師，我有問題！

端木賜
字子貢，善經商。他曾為孔子守墓6年。

顏回
孔子非常喜歡的弟子。

宰予
能言善辯。他常被孔子派遣出使他國。

不如我們吃馬吧！

快住嘴！馬是新買的！竹簡我還沒看完呢！

❻ 有一次，孔子和弟子們的糧食都吃完了，餓了好幾天，最後都餓得站不起來了。

我可不信！

這是誤會！

請走。

❺ 到達宋國時，宋國的司馬很討厭孔子，揚言要加害孔子，孔子只好喬裝打扮逃跑。

❹ 孔子在去陳國的路上，因誤會被人圍困5日。等他成功逃脫，到達蒲地時，又碰上衛國貴族發動叛亂，再次被困。

舌尖上的苦膽

臥薪嘗膽的故事

越國與吳國互相不喜歡對方，常常互相攻打。越王勾踐為取勝，讓越國的罪人排成三行自刎（wěn），趁吳軍看得目瞪口呆時，馬上下令攻擊他們。最後吳軍大敗，吳王闔閭也因此受傷。

伺候好我就放你回國。

闔閭死前告訴兒子夫差要為他報仇，夫差便日夜操練士兵，終於打敗越國。勾踐與妻子成了吳國的人質，被迫侍奉夫差。幾年後，夫差認為勾踐是真心歸順他，於是放勾踐回國。

回到越國後，勾踐每天睡草堆，嘗苦膽，激勵自己復仇。他破壞夫差與大臣伍子胥的關係，又派美女西施去迷惑夫差。勾踐與大臣范蠡（lǐ）、文種一起謀劃了二十多年，終於滅掉吳國，成為春秋時期的最後一位霸主。

不敢忘。

夫差，你忘記你父親的仇恨了嗎？

為了不讓自己忘記父仇，夫差每天讓人都提醒自己。

認識這個人嗎？

伍子胥出奔

吳王闔閭的心腹大臣伍子胥本是楚國人。楚平王聽信讒言，殺死伍子胥的父親，又讓人捉拿伍子胥，伍子胥便逃向吳國。據說到了吳楚交界的昭關時，官吏盤查得很緊，伍子胥急得一夜白了頭。等他逃到吳國成為吳國的大臣後，便開始攻打楚國，替父親報仇。

美人計

文種曾向勾踐獻出許多復國的計策，其中一條是美人計。勾踐依計將美女西施獻給吳王夫差，讓西施趁機禍亂吳國。

逃跑才是正道

范蠡扶助越王勾踐成功復國後就逃跑了，最後成為大富豪陶朱公。他曾寫信告訴文種，可以與勾踐一起經歷患難，但不能與勾踐一起享樂，讓文種趕快逃跑。但是文種沒來得及逃掉，就被勾踐賜死了。

春秋的結束

公元前 475 年，春秋最後一任天子周敬王去世。春秋結束，戰國開始了！

高手在民間

兵聖孫子

孫子名叫孫武,是春秋時期著名的軍事家。他去見吳王時,吳王想試探他的統兵能力,便挑選了一些宮女讓他指揮。但是孫武下命令時,宮女們不聽他的,孫武把當隊長的吳王的兩位愛姬殺了,宮女們嚇得不敢再嬉笑,才開始認真聽他的命令。吳王由此看到孫武的真本事,開始重用他。

手藝達人魯班

魯班是中國著名的木匠、發明家,他發明了曲尺、鋸子、石磨、雲梯和木鵲等眾多工具。

鑄劍大師

歐冶（yě）子與干將都是有名的鑄劍大師。干將與妻子莫邪（yé）為楚王鑄造出干將、莫邪兩把名劍。歐冶子則鑄出湛（zhàn）盧、巨闕（quē）、魚腸、純鈞、七星龍淵、太阿（ē）等眾多名劍。

有刺客！

公子光為了奪取王位，讓專諸去刺殺吳王僚。專諸偷偷地把匕首（魚腸劍）藏到魚肚裏，向吳王僚獻魚時，他迅速拔出匕首殺死了吳王僚。公子光趁機奪權，成了新的吳王——闔閭。

看劍！

這下王位是我的了。

曹劌（guì）與長勺之戰

有一年，齊國和魯國在長勺開戰。魯國的曹劌擔心魯國無法獲勝，便去求見魯莊公。曹劌與魯莊公分析局勢後，和魯莊公一起去了戰場。在曹劌的指揮下，魯國最終取得了勝利。

一國變三國

三家分晉

晉國大臣智伯瑤是晉國最有權勢的人，他掌握着晉國的政務。
為了恢復晉國的強大，智伯瑤逼迫大臣韓康子、魏桓子與趙襄
子獻出自己的土地。前兩位大臣都獻出了領土，趙襄子卻
拒絕了。智伯瑤便聯合韓康子與魏桓子攻打趙襄子，但
是韓、魏兩位大臣害怕智伯瑤最後也這樣對自己，
於是背叛了智伯瑤，轉而聯合趙
襄子，用大水沖垮智伯瑤的營地。
韓、魏、趙三大
家族最後瓜分
了晉國。

> 救命啊！我不會游泳！

士為知己者死

智伯瑤死後，他的家臣豫讓發誓要為他報仇，於是
決心刺殺趙襄子。豫讓更名改姓，把漆塗在身上，
又吞炭弄啞嗓子，讓人認不出自己。在刺殺趙襄子
時，豫讓還是被士兵抓住了，但是趙襄子很欣賞他
的俠義，就把自己的衣裳給豫讓。豫讓用這衣裳代
替趙襄子，用劍刺破它，然後自殺了。

大臣也能當國君

韓、魏、趙三家瓜分晉國後，周天子不但沒有派兵征討他們，反而封他們為諸侯，韓國、魏國、趙國就此誕生。由於周天子自己破壞了周朝的禮教，周朝的禮儀制度開始崩壞，各諸侯都開始以下犯上了。

李悝變法

李悝以人的才能而不是家庭出身來挑選人才。他又改善法律和軍制。

大家平分才好！

頭號強國

魏桓子的孫子魏斯（魏文侯）即位後，把韓、趙兩國國君當成自己的兄弟，又任用著名政治家李悝（kuī）進行改革，使魏國很快富強起來，成為戰國初期的頭號強國。

要勤於除草！

李悝重視農業，鼓勵老百姓墾荒，百姓都非常樂意耕作。

戰國七雄

周天子把韓、趙、魏三家封為諸侯後，共有七個國家特別強大，它們分別是齊、楚、燕、韓、趙、魏、秦。戰國七雄的局面由此正式形成。

都快沒有本天子的位置了。

人民的生活

春秋戰國時，手工業、商業迅速發展，城市興起，出現鐵具，文化藝術、醫學、建築等方面都有明顯的進步，人們的生活更美好了。貴族可以吃肉，一般百姓是吃不到肉的，所以人們把貴族稱為「肉食者」。

毛筆的進步使戰國時期的繪畫有了很大的發展，人們也發明了可以畫在帛上的帛畫。

房屋可以建成草屋或瓦屋，並出現「城市」。

中國最早的燈具是陶豆燈，到了戰國時期才開始出現玉燈、青銅燈。青銅工藝的進步，使得人們能做出複雜的十五連盞銅燈，還可以做出熏香用的精巧薰爐。

十五連盞銅燈
戰國時期最高的燈具，樹枝間有群猴玩耍，底座上的男傭正在拋食物逗猴子玩。

染色工藝的進步，讓刺繡能用的顏色增多了，分紅、黃、藍、綠、棕等顏色。

春秋戰國時期出現了大量的奴隸，有些貴族一人就可擁有許多奴隸。

鐵農具的誕生與廣泛使用，使得鐵犁牛耕的技術出現並得到使用，也讓農作物的產量提高不少，自此人們能吃得更飽啦。

國家強大的祕密

商鞅變法

秦國的秦孝公即位後，開始發憤圖強，招納賢士。就在此時，商鞅被人推薦給秦孝公，秦孝公開始重用商鞅。商鞅在秦國開始了自己的變法。

商鞅頒佈連坐法，讓人民互相監督、告發。

打壓商人，促進了秦國農業的發展。

興修都江堰

秦國有位大臣名叫李冰，是個很厲害的水利工程學家。他總結過去治水的經驗，興建大型水利工程——都江堰（yàn），成功地把水害變成水利。都江堰既能防禦洪災，又便利農田灌溉，讓成都平原成了「天府之國」。

這回我們的俸祿終於一樣多啦。

秦國統一了度量衡，以保證賦稅與俸祿的公平合理。

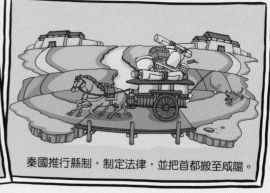

秦國推行縣制，制定法律，並把首都搬至咸陽。

商鞅變法非常成功，秦國開始變成強國。

搬木頭換黃金

新法頒佈前，商鞅為了讓百姓相信自己，便在城南門豎起一根長木頭，放言誰能把木頭搬到北門就賞誰五十金。後來有個大力士把它搬到了北門，商鞅馬上就給了他五十金。由此商鞅得到人們的信任，新法得以順利地推行。

修建棧道

為了讓交通變得發達，秦國開始在懸崖峭壁上修建棧道，使人和車都可通行。秦國修築的棧道，甚至可通往蜀地，天下的諸侯開始畏懼秦國。

臣子各不同

野心勃勃的田氏家族

齊國的田氏家族既善待百姓，又收留難民，因此百姓都很愛戴田氏。田氏的權力變得越來越大，封地也比齊王的還要大。最後田氏甚至把齊國的國君趕走，自己當上大王，齊國成了田氏的天下。

王位馬上就是我的了。

孫臏（bìn）與龐涓

相傳孫臏是孫武的後代，曾和龐涓一起學習兵法。龐涓很嫉妒孫臏，等他當上魏國將軍後，便開始對孫臏使用酷刑。孫臏最後偷偷求見齊國的使臣後才被救走。

田忌賽馬

田忌是齊國的大將，經常與齊國的公子賽馬。一天，孫臏發現他們馬的腳力可以分為上、中、下三個等級，便偷偷跟田忌說：「你用下等馬對付他們的上等馬，再拿上等馬對付他們的中等馬，最後讓中等馬對付他們的下等馬，這樣便能勝出。」三次比賽過後，田忌果然贏了，於是他把孫臏推薦給齊威王，孫臏成了齊威王的軍師。

圍魏救趙

魏國派龐涓攻打趙國，趙國形勢危急，向齊國求救。於是齊威王派田忌與孫臏去救助趙國。田忌聽從孫臏的意見，採取圍魏救趙的策略，率軍直攻魏國國都。龐涓只好放棄攻打趙國，帶着魏軍趕回去救魏國，趙國因此得救了。

愛臭美的鄒忌

鄒忌是齊國的美男子，城北的徐公也是。有一天鄒忌問自己的妻子、小妾與客人，自己與徐公誰更美，三人都騙他說他更美。等到鄒忌見到徐公後，知道他們是在欺騙自己，便去觀見齊威王，告訴齊威王他的妃嬪、大臣、百姓也會一直因為某些目的而欺騙他。於是齊威王讓大家對自己提出真實的意見，齊國開始有了新氣象。

他原來這麼美啊，這些騙子！

父與子

讓位引發的血案

燕國的君主燕王噲（kuài）很尊重國相子之，便把王位讓給他，國家的一切政務都由子之裁決。子之執政三年後，燕國大亂，百姓恐慌，造成數萬人死亡。齊宣王趁機攻打燕國，殺死了燕王噲與子之。等到燕王噲的兒子燕昭王即位時，燕國才開始振興。

父子大不同

相傳齊宣王非常喜歡聽人吹竽，經常讓300個樂師同時為他吹奏，對樂師很好。不會吹竽的南郭先生假裝自己很會的樣子，趁亂混進樂隊中，和大家享受着一樣的待遇。齊宣王的兒子齊湣（mǐn）王卻和父親相反，他更喜歡聽人單獨吹竽。齊湣王繼位後，南郭先生便嚇得逃跑了。

齊宣王的王后鍾無豔（又名鍾離春）出生於齊國無鹽邑。她奇醜無比，到40歲都沒有嫁出去。一天，她親自去見齊宣王，告訴他國家即將面臨的危難，勸他治理國政。齊宣王於是決定迎娶鍾無豔為王后，聽從她的話不再玩樂，開始精心治理國家。

別殺牠！

齊宣王曾問孟子自己能否讓老百姓安居
樂業，孟子對他說：「大王曾因不忍心而
下令阻止手下殺牛，憑大王這樣的仁心，
可以一統天下了。君子見到牲畜活着，
不忍心看牠們死；聽到牠們哀叫，不忍心
吃牠們。所以君子總是遠離廚房。」

等到齊宣王死後，兒子齊湣王繼承
他的王位。多年後由於齊湣王剛愎
自用，輕信小人，齊國險些滅國。

為父報仇的燕昭王

燕國的燕昭王為替父親燕王噲
報仇，命樂毅為統帥，聯合秦、
楚等國共同討伐齊國。齊軍戰
敗後，齊湣王逃跑了，燕軍奪
取了齊國的七十餘座城池與許
多寶物。儘管齊國的田單最後
收復了這七十餘座城池，齊國
還是開始衰敗了。

一塊玉背後的故事

趙武靈王與胡服騎射

趙國邊境上的遊牧民族經常侵擾趙國。趙武靈王便開始推行「胡服騎射」的政策──讓士兵穿上活動更為方便的胡人服飾，學習胡人騎射的技術，以此來增強趙軍的戰鬥力。最後趙國攻取大片胡地，又滅掉中山國。趙國的國力開始增強，成了強國。

> 快換上胡服！

> 多麼完美的玉啊！

和氏璧

歷史上著名的美玉，為楚國人卞和所發現，後來和氏璧在楚國丟失。

戰國錯金銀四龍四鳳銅方案

中山國的器物，它的製作工藝十分精巧複雜。

完璧歸趙

趙武靈王死後，兒子趙惠文王繼位。一次，趙國得到了和氏璧，聽到消息的秦王提出願用 15 座城來交換此玉。於是趙惠文王讓藺相如帶着和氏璧去了秦國。藺相如知道秦王不是真心想交換，便以要擊碎和氏璧為要挾，跟秦王說需要等秦王齋戒 5 天後，自己再獻上寶玉。藺相如趁秦王齋戒時，讓人偷偷帶着玉回趙國，最終保住了和氏璧。

> 我不放！

> 你放下！

你不擊缶我就死給你看！

澠（miǎn）池之會

秦國因完璧歸趙一事惱羞成怒，開始對趙國發動戰爭。除了軍事威脅，秦國還想在外交方面也壓倒趙國，於是秦昭襄王約趙惠文王在澠池相會，並讓他為自己鼓瑟，藉機羞辱趙國。為了不讓趙國受辱，藺相如就威脅秦王，要他擊缶（fǒu），秦王被逼之下只好擊缶。直到酒宴結束，秦國也未能壓倒趙國。

以後看見廉頗要繞着走。

負荊請罪

澠池之會後，藺相如被封為上卿，官位比將軍廉頗更高。廉頗不服氣，便開始說藺相如的壞話，藺相如卻處處禮讓他。一次，藺相如外出時，望見了廉頗，便命令車夫掉轉車子迴避。

當門客問他原因時，藺相如說：「要把國家危難放在前面，個人私怨放後面。」廉頗聽說後十分羞愧，便露出上身，背着荊條，去向藺相如請罪。兩人最後成了生死與共的好朋友。

戰爭進行時

演說家的七國之旅

在各國激烈的鬥爭中，開始出現合縱、連橫的行為。「合縱」為弱國聯合起來攻打一個強國，「連橫」則與「合縱」對應，指強國聯合一些弱國來進攻其它弱國。張儀、蘇秦等就是這時候出現的「縱橫家」。

蘇秦曾遊說秦國吞併列國，被秦國拒絕了，於是他反過來遊說列國，並提出聯合六國對抗秦的戰略思想。蘇秦最後成為六國的國相，使秦國15年不敢出函谷關。

秦國的相國張儀曾出使遊說各諸侯國，以「橫」破「縱」，使各國紛紛由合縱抗秦轉變為連橫親秦。張儀也因此被秦王封為武信君。

紙上談兵

趙括是趙國名將趙奢的兒子。他從小就學習兵法，以為天下沒人能比得過他，就連父親趙奢也難不倒他。但是等趙括代替廉頗成為趙國將軍後，他完全改變了廉頗的作戰方案，導致趙軍大敗，趙括最後也在戰場上被秦軍射死。

聽我的準沒錯！

長平之戰

秦國攻打趙國時，秦國散佈謠言說秦國最害怕趙括。趙王信以為真，便讓趙括取代廉頗率兵攻打秦軍。結果，趙括被秦軍打敗了，四十餘萬趙軍向秦軍投降。但是秦國大將白起卻把趙國四十餘萬降兵全部坑殺。趙國元氣大傷，自此再也無法與秦國抗衡。

戰國四公子

魏國公子信陵君

信陵君名叫魏無忌。因魏王畏懼他的賢能，沒有重用他。最後又因為魏王的懷疑，使得他終日尋歡作樂不再上朝。

長平之戰後，秦軍包圍了趙國國都邯鄲（hán dān）。信陵君求魏王援助趙國，但魏王害怕秦國，不肯出兵相救。信陵君便偷出魏王的兵符，前去邯鄲救援。最終趙國得救了。

趙國公子平原君

平原君名叫趙勝，是趙武靈王的兒子，三次擔任趙相。平原君約有門客幾千人，他一直善待他們。他曾召集士兵堅守趙國，與援軍一起解了邯鄲之圍。

平原君準備去楚國訂立合縱盟約時，有個叫毛遂的門客向平原君推薦自己，平原君便帶着他去了楚國。後來，毛遂果然成功地與楚王訂立盟約。

等等，還是不滅楚國了。

楚國公子春申君

春申君名叫黃歇，是楚國大臣。他知識淵博又善辯，曾周遊各地拜師學習。

有一年，秦王打算征討楚國，春申君便上書勸說秦王。讀完他的上書後，秦王被春申君成功說服，不但沒有討伐楚國，還送去厚禮，與楚國結為友好國家。春申君擔任楚相期間，滅掉了魯國。

齊國公子孟嘗君

孟嘗君名叫田文，是齊國貴族，曾任秦、齊、魏三國國相。他招攬各國的賓客以及犯罪逃亡的人做自己的門客。

咕咕咕！

孟嘗君出使秦國時被扣留。他的門客裝狗鑽入秦宮，偷出狐白裘然後獻給秦王的妾，妾替孟嘗君說情，秦王才放走他。等逃到函谷關時，秦王又下令追捕孟嘗君。另一個門客裝雞叫引得眾雞齊鳴，才騙秦軍開了城門，使孟嘗君得以逃回齊國。

屈原與端午節

貴族的落魄

屈原原是楚國的貴族，楚懷王的臣子。由於上官大夫等人為得到楚懷王的寵信不斷地說屈原的壞話，楚懷王便開始疏遠屈原，並流放了他。

> 把他給我趕到漢北去！

偉大的詩人

屈原也是一位詩人。以他的作品為主的《楚辭》是中國浪漫主義文學的源頭，其中運用了大量的神話傳說，具有濃厚的地方色彩。

國破身亡

楚懷王被秦王扣留後死於秦國，秦王又命白起攻下楚國。楚國國都郢（yǐng）都被攻破時，屈原悲痛地投汨（mì）羅江而死，以身殉國。

禺強

虎蛟　　　猼訑（bó yí）

山海經

《山海經》是記述古代志怪的中國古籍，與《楚辭》都有古神話的痕跡。

端午節的由來

端午節最初是以划龍舟形式祭祀龍祖的節日，因屈原在端午節跳江自盡，後人便將端午節也作為紀念屈原的節日。百姓們怕江河裏的魚、蝦等吃掉屈原的身體，就拿米糰投入江中，讓魚、蝦、蟹吃，從此端午節便有了吃粽子的習俗。

你們不要去吃屈原了！

端午節的習俗

端午節有賽龍舟、吃粽子、佩帶香囊、浴蘭湯、掛艾草或菖蒲於門窗上等習俗。端午節時氣候已變得炎熱潮濕，所以有些地方還有用雄黃塗抹小孩額頭的習俗，可趨避毒蟲。

他們划得好快啊。

39

秦國的崛起

天下馬上就是我秦國的了！

秦滅周朝

公元前 256 年，東周最後一位君主周赧王去世，秦國吞併了周朝所有的土地，周朝覆滅。

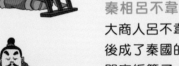

快寫！把你們知道的都寫出來！

秦相呂不韋

大商人呂不韋一直替秦莊襄王做事，最後成了秦國的相國。他主持並召集三千門客編纂了《呂氏春秋》，這本書匯集了諸子百家的學說，博大精深。

秦王政的故事

秦莊襄王死後，兒子秦王政繼位。由於秦王政才 13 歲，所以國事都由呂不韋做主。秦王政 22 歲時，長信侯嫪毐（lào ǎi）發動了叛亂，最後被秦王政所平定。第二年，他又免了呂不韋的職位。至此，秦國最大的兩股勢力都被消滅了，秦王政終於沒了後顧之憂，可以親政了。

蒙恬，來和我一起坐吧。

謝大王！

蒙恬

秦王政的得力助手

王翦

王賁

王翦（jiǎn）是秦國大將，曾用反間計除掉趙國名將李牧，從而順利地滅掉趙國。他與兒子王賁（bēn）是秦滅六國最大的功臣。

蒙恬出身名將世家，深得秦王政的尊寵，與弟弟蒙毅被譽為忠信大臣。蒙恬曾駐守上郡十餘年，威震匈奴。

王的偶像

韓非是韓國貴族，愛好法學。他和李斯都是荀子的學生。秦王政讀完韓非的《孤憤》《五蠹（dù）》後說：「我要是能見到這個人，和他交往，就算死了也不遺憾。」因此秦王政派人攻打韓國，使韓王不得不起用韓非，並派他出使秦國。但是由於李斯、姚賈的誣陷，韓非最終死於秦國獄中。

幾年後，秦國派人攻打韓國，並由此開始了殲滅六國的戰爭。

諸子百家的故事（上）

春秋戰國時期，各個學派的代表人物站在不同的立場上，提出了不同的治國方略和哲學理論，開創了「百家爭鳴」的學術思潮。

儒家

儒家提倡仁、恕、誠、孝等道德價值，重視教化和仁政。代表作為《論語》《孟子》等。

你生來就是惡人！

孔子
孔子是儒家學說的開創者。在孔子的帶領下，儒家變得十分興旺。

孟子
孟子是孔子思想的繼承人。他與孔子並稱「孔孟」。

荀子
他是儒家的代表人物之一。他主張人性本惡。

墨家

墨家主張人與人之間無差別的愛，推崇節約，反對戰爭。代表作為《墨子》等。信奉墨子學說的人稱為墨者。

名家

名家擅長論辯，代表作為《公孫龍子》等。

發射！

墨子
名翟（dí），墨家創始人，主張「兼愛」「非攻」等。相傳他製作守城器械的本領非常高。

這匹白馬不是馬！

公孫龍
他能言善辯，提出了著名的「白馬非馬」論。

道家

道家以「道」為核心，主張道法自然。代表作為《道德經》《莊子》等。

> 道可道，非常道。

莊子

莊子追求精神自由，他曾夢見自己變成蝴蝶，醒來不知是自己做夢變成蝴蝶，還是蝴蝶做夢變成自己。

列子

列子的學說得於黃帝和老子。相傳他能御風而行。「愚公移山」「杞人憂天」等寓言皆出於《列子》。

老子

老子是道家的開創者，提出「無為」的思想，主張順其自然、不與人爭。

法家

法家提倡法治，代表作為《商君書》《韓非子》等。

韓非

他是法家學說的集大成者。「自相矛盾」「守株待兔」等寓言皆出自《韓非子》。

商鞅

他是法家代表人物。他積極實行變法，通過變法使秦國成了強國。

陰陽家

陰陽家的核心內容是「陰陽五行」，代表作為《鄒子》等。

鄒衍

他是陰陽家的創始人。他提出了五行學說。

諸子百家的故事（下）

縱橫家

以從事政治外交活動為主，代表作為《戰國策》等。

連橫是對的！

合縱才是對的！

鬼谷子

他是縱橫家的始祖。孫臏、龐涓、蘇秦、張儀皆為其弟子。

張儀

他曾遊說各國，使各國連橫親秦。他曾任秦、魏兩國相國。

蘇秦

他與張儀同出自鬼谷子門下，提出合縱六國以抗秦的思想，曾做過六國相國。

雜家

以博採各家之說見長，代表作為《呂氏春秋》等。

呂不韋

他主持編纂《呂氏春秋》，匯合了先秦各派學說。

農家

先秦時期反映農業生產和農民思想的學術流派，奉神農為祖師。

勞動最光榮！

許行

他是農家的代表人物。他反對不勞而獲。

兵家

研究軍事理論，從事軍事活動的學派，代表作為《孫子兵法》等。

知己知彼，百戰不殆。

孫子

名孫武，他是兵家著名的代表人物。

尉繚

他為秦王嬴政統一六國立下了汗馬功勞。

吳起

他曾在楚國主持「吳起變法」。

我要讓大王開除你。

白起

秦國將領，善於用兵，他與廉頗、李牧、王翦並稱為戰國四大名將。

小說家

所做的事以記錄民間街談巷語並呈報上級為主，著作大多已流失。

醫家

指所有從醫的人。代表作為《黃帝內經》《黃帝外經》等。

我沒病。

你有病。

扁鵲

春秋戰國時期的名醫，擅長各科，曾三次見蔡桓公，勸他治療。但是蔡桓公不相信自己有病，所以拒絕了。最後蔡桓公因病入骨髓，體痛而死。

世界大事記

1. 公元前 8 世紀，世界人口不斷增加，農業、貿易大幅度地發展，文明也開始在世界各國出現。羅穆路斯建立了古羅馬，成為古羅馬的第一任國王。

2. 公元前 6 世紀，古巴比倫的國王尼布甲尼撒二世為思念家鄉的王妃修建了空中花園。

7. 公元前 469 年，蘇格拉底出生了。他和學生柏拉圖，以及柏拉圖的學生亞里士多德並稱為「古希臘三賢」。他被後人廣泛地認為是西方哲學的奠基者。

8. 公元前 323 年，馬其頓國王亞歷山大大帝統一了希臘全境，並佔領埃及全境，又推翻了波斯帝國，亞歷山大大帝的帝國一直延伸到了印度河流域。

3. 公元前 6 世紀，小王子喬達摩·悉達多（釋迦牟尼）在古印度出生，後來他建立了佛教。

4. 公元前 550 年，居魯士二世建立了波斯帝國。

6. 公元前 5 世紀，古希臘畢達哥拉斯學派發現了無理數，由此引起第一次數學危機。

5. 公元前 480 年，波斯帝國和古希臘展開了他們之間的第二次戰爭，史稱「溫泉關之戰」。斯巴達 300 勇士在溫泉關阻擋了人數多達數萬名的波斯軍隊。

9. 公元前 4 世紀，今日泰國、俄羅斯、祕魯等國所在的地區還沒有開始建立國家，日本也正處於古老的石器時代。

10. 公元前 305 年，托勒密一世建立了古埃及歷史上最後一個王朝——托勒密王朝。

春秋・戰國 大事年表

公元前 770 年，周平王遷都洛邑，東周春秋時期開始。

公元前 685 年，齊桓公即位，任管仲為相。

公元前 551 年，孔子出生。

公元前 473 年，越王勾踐滅吳。

公元前 403 年，韓、趙、魏三家被立為諸侯，戰國七雄並立。

公元前 356 年，秦國拉開了商鞅變法的序幕。

公元前 260 年，長平之戰結束，秦國坑殺四十餘萬趙軍。

公元前 247 年，秦王政即位。

公元前 221 年，秦王政相繼滅掉六國，戰國結束。

注：本書歷代紀元以《現代漢語詞典》（第 7 版）為參考依據。